Impressum
Verlag: BABADADA GmbH, Nedderfeld 112 , 22529 Hamburg
Geschäftsführer / Verlagsleitung: Harald Hof
Druck: Books on Demand GmbH, In de Tarpen 42, 22848 Norderstedt

Imprint
Publisher: BABADADA GmbH, Nedderfeld 112 , 22529 Hamburg, Germany
Managing Director / Publishing direction: Harald Hof
Print: Books on Demand GmbH, In de Tarpen 42, 22848 Norderstedt

school
shkolla

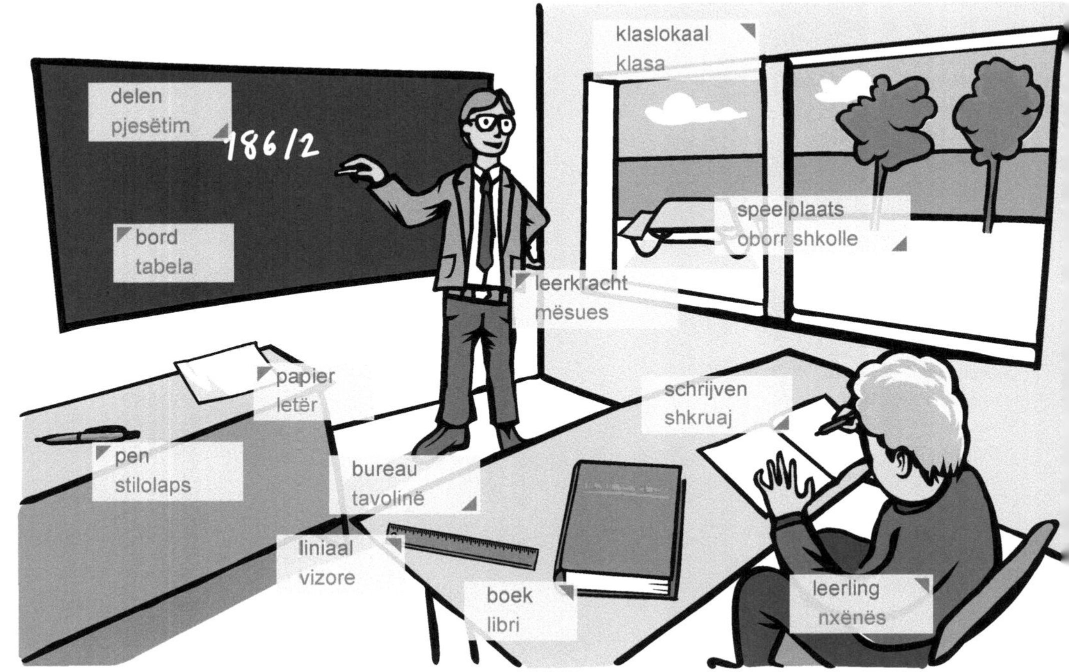

klaslokaal
klasa
delen
pjesëtim
186/2
bord
tabela
speelplaats
oborr shkolle
leerkracht
mësues
papier
letër
schrijven
shkruaj
pen
stilolaps
bureau
tavolinë
liniaal
vizore
boek
libri
leerling
nxënës

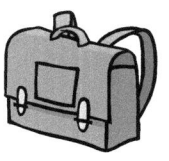

schooltas
çantë

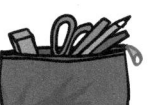

pennenzak
mbajtëse lapsash

potlood
laps

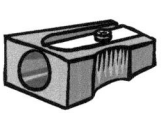

puntenslijper
mprehës lapsash

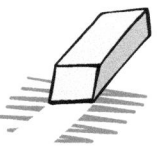

gom
gomë

tekenblok
fletore vizatimi

tekening
vizatim

verfborstel
penel

verfdoos
kuti bojërash

schaar
gërshërë

lijm
ngjitës

werkboek
fletore detyrash

huiswerk
detyrë shtëpie

nummer
numër

optellen
mbledh

aftrekken
zbres

vermenigvuldigen
shumëzoj

rekenen
llogaris

letter
gërmë

alfabet
alfabeti

woord
fjalë

tekst
tekst

Lezen
lexoj

krijt
shkumës

les
mësim

klassenboek
regjistër

examen
provim

certificaat
çertifikatë

schooluniform
uniformë shkolle

onderwijs
arsimim

encyclopedie
enciklopedia

universiteit
universitet

microscoop
mikroskop

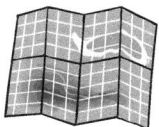

kaart
hartë

papiermand
kosh letrash

hotel
hotel

jeugdherberg
bujtinë

ROOMS

wisselkantoor
pikë këmbimi valutor

EXCHANGE

koffer
valixhe

auto
makinë

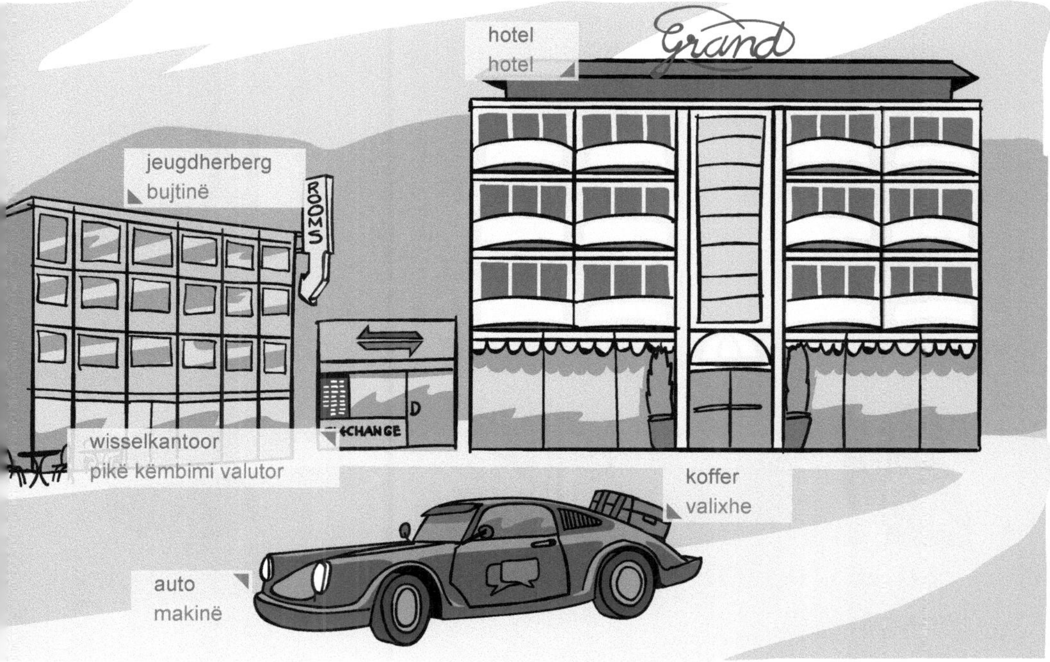

Taal

gjuhë

ja / nee

po / jo

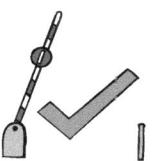

oké

Në rregull

hallo

ç'kemi

vertaler

përkthyes

bedankt

Faleminderit

Hoeveel kost …?

sa kushton…?

Ik begrijp het niet

nuk e kuptoj

probleem

problem

Goedenavond!

Mirëmbrëma!

Goedemorgen!

Mirëmëngjes!

Goedenavond!

Natën e mirë!

Tot ziens

mirupafshim

richting

drejtim

bagage

bagazhet

zak

çantë

rugzak

çantë shpine

gast

mysafir

kamer

dhomë

slaapzak

thes gjumi

tent

tendë

toeristeninformatie

informacion për turistët

strand

plazh

kredietkaart

kartë kred ti

ontbijt

mëngjes

lunch

drekë

avondeten

darkë

ticket

Biletë

lift

ashensor

postzege

pulla

grens

kufi

douane

doganë

ambassade

ambasadë

visum

vizë

paspoort

pasaportë

transport
transport

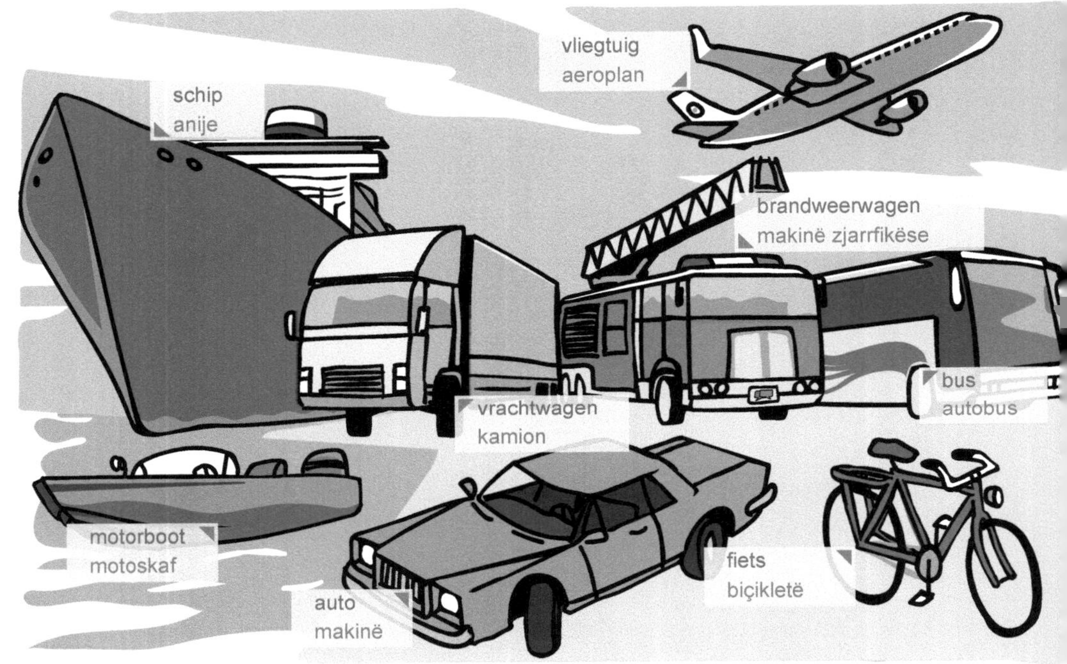

vliegtuig
aeroplan
schip
anije
brandweerwagen
makinë zjarrfikëse
bus
autobus
vrachtwagen
kamion
motorboot
motoskaf
fiets
biçikletë
auto
makinë

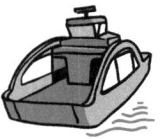

veerboot

traget

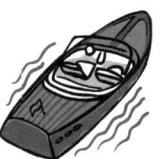

boot

varkë

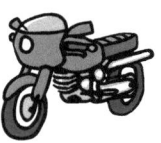

motor

motoçikletë

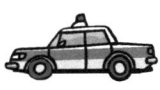

politiewagen

makinë policie

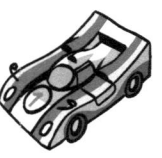

racewagen

makinë garash

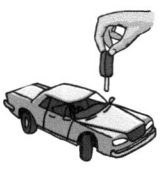

huurauto

makinë me qira

carpoolen

ndarje e qirasë së makinës

sleepwagen

karroatrec

vuilniswagen

makinë plehrash

motor

motor

benzine

benzinë

benzinestation

pikë karburanti

verkeersbord

sinjalistikë trafiku

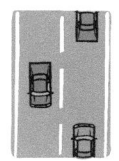

verkeer

trafik

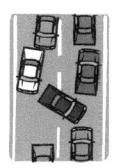

file

bllokim trafiku

parkeerplaats

parkim makinash

station

stacion treni

sporen

trase

trein

tren

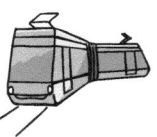

tram

tramvaj

wagon

karro

helikopter
helikopter

luchthaven
aeroport

toren
kullë

passagier
pasagjer

container
kontenier

karton
kuti kartoni

kar
qerre

mand
shportë

opstijgen / landen
ngrihem / ulem

stad
qytet

dorp
fshat

stadscentrum
qendra e qytetit

huis
shtëpi

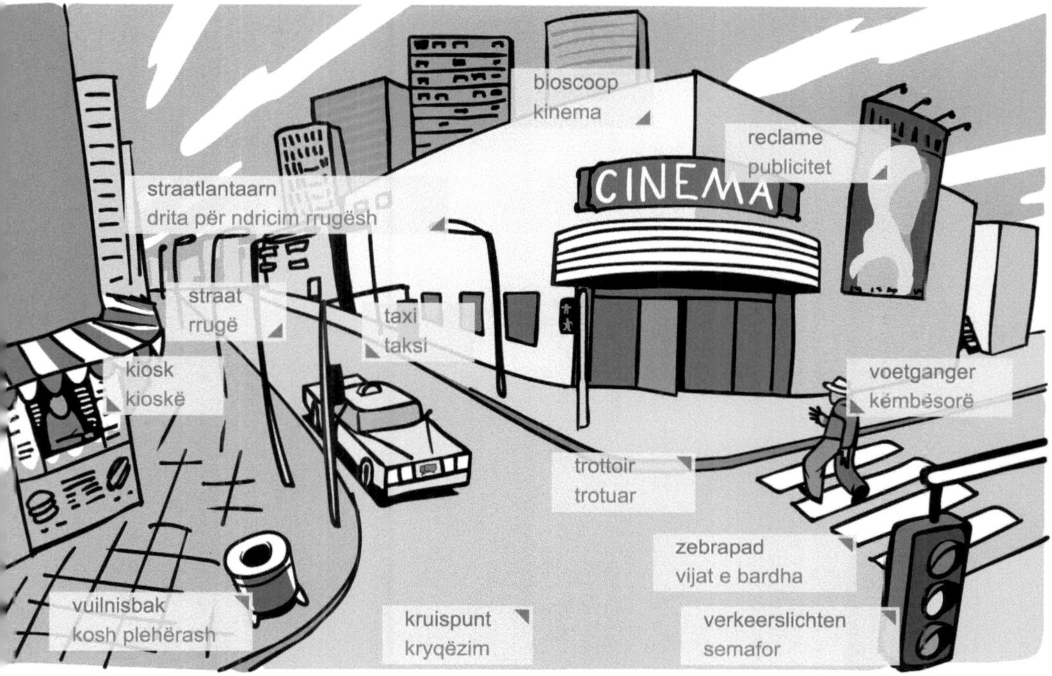

bioscoop
kinema
reclame
publicitet
CINEMA
straatlantaarn
drita për ndricim rrugësh
straat
rrugë
taxi
taksi
kiosk
kioskë
voetganger
këmbësorë
trottoir
trotuar
zebrapad
vijat e bardha
vuilnisbak
kosh plehërash
kruispunt
kryqëzim
verkeerslichten
semafor

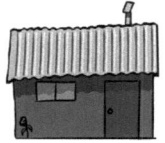

hut

kasolle

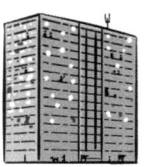

woning

apartament

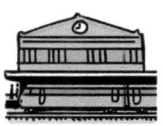

station

stacion treni

stadshuis

bashki

MUSEUM

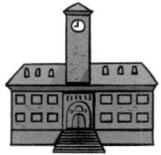

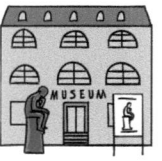

museum

muze

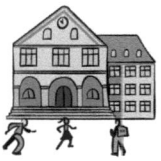

school

shkolla

universiteit

universitet

bank

bankë

ziekenhuis

spital

hotel

hotel

apotheek

farmaci

kantoor

zyrë

boekwinkel

librari

winkel

dyqan

bloemenwinkel

dyqan lulesh

supermarkt

supermarket

markt

market

warenhuis

mapo

vishandelaar

dyqan peshku

winkelcentrum

qëndër tregtare

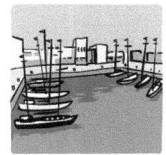

haven

port

park
park

bank
stol

brug
urë

trap
shkallë

metro
metro

tunnel
tunel

bushalte
stacion autobuzi

bar
bar

restaurant
restorant

brievenbus
kuti postare

straatnaambord
sinjalistikë rrugore

parkeermeter
kohëmatës parkimi

zoo
kopsht zoologjik

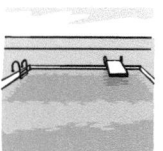

zwembad
pishinë

moskee
xhami

boerderij
....
fermë

milieuverontreiniging
....
ndotje

kerkhof
....
varrezë

kerk
....
kishë

speelplaats
....
shesh lojërash

tempel
....
tempull

landschap

peisazh

blad
gjethe

wegwijzer
tabela orientuese

weg
rrugë

weide
livadh

steen
gurë

wandelaar
ekskursionist

boom
pemë

rivier
lumë

bloem
lule

gras
bar

vallei

luginë

heuvel

kodër

meer

liqen

bos

pyll

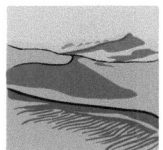

woestijn

shkretëtirë

vulkaan

vullkan

kasteel

kështjellë

regenboog

ylber

paddenstoəl

kepudhë

palmboom

palmë

mug

mushkonjë

vlieg

mizë

mier

milingonë

bijl

bletë

spin

merimangë

kever
brumbull

kikker
bretkosë

eekhoorn
ketër

egel
iriq

haas
lepur

uil
buf

vogel
zog

zwaan
mjellmë

wild zwijn
derr i egër

hert
dre

eland
dre brilopatë

dam
digë

windturbine
turbinë ere

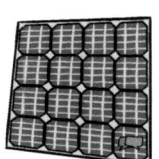

zonnepaneel
panel diellor

klimaat
klimë

restaurant
restorant

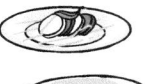

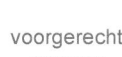

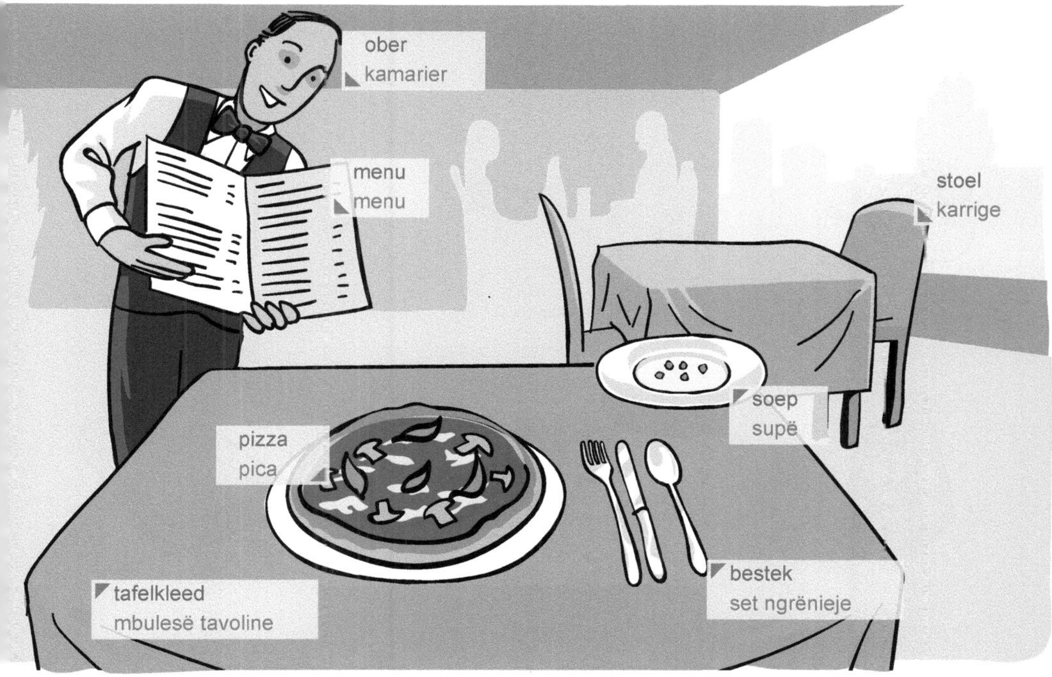

ober
kamarier
menu
menu
stoel
karrige
soep
supë
pizza
pica
tafelkleed
mbulesë tavoline
bestek
set ngrënieje

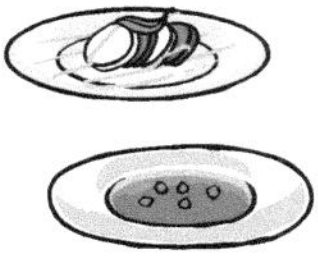

voorgerecht

pjatë e parë

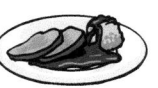

hoofdgerecht

pjatë kryesore

nagerecht

ëmbëlsirë

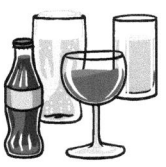

drankjes

pije

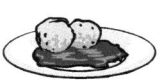

eten

ushqim

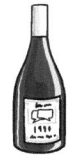

fles

shishe

fastfood

ushqim i shpejtë

street food

ushqim i shërbyer në rrugë

theepot

ibrik çaji

suikerpot

kuti sheqeri

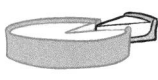

portie

racion

espressomachine

makinë kafeje ekspres

kinderstoel

karrige e lartë

rekening

faturë

dienblad

tabaka

mes

thika

vork

pirun

lepel

lugë

theelepel

lugë çaji

serviette

pecetë

glas

gotë

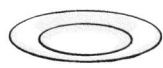

bord

pjatë

soepbord

pjatë supe

schoteltje

pjatë filxhani

saus

salcë

zoutvatje

mbajtëse kripe

pepermolen

mulli piperi

azijn

uthull

olie

vaj

kruiden

erëza

ketchup

keçap

mosterd

mustardë

mayonaise

majonezë

supermarkt
supermarket

aanbieding
ofertë speciale
FOR
klant
klient
zuivelproducten
produkte bulmeti
fruit
frut
winkelwagen
karrocë pazari

BUTCHERS

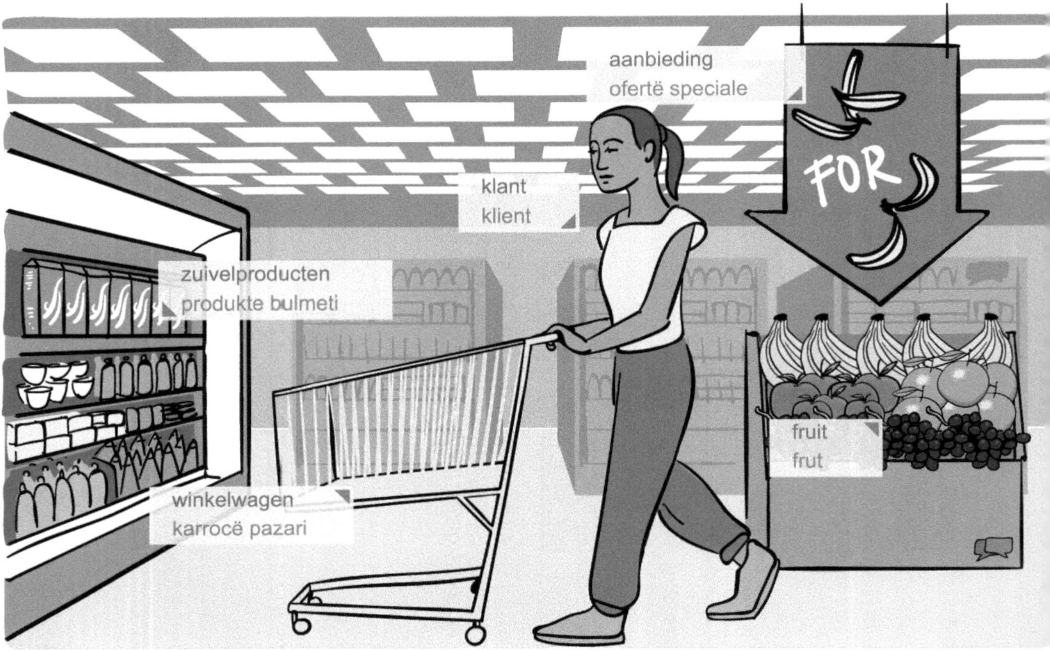

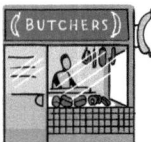

slagerij

dyqan mishi

BAKERY

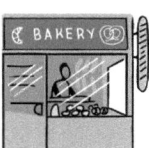

bakkerij

furrë buke

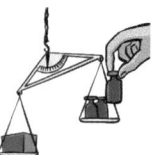

wegen

peshoj

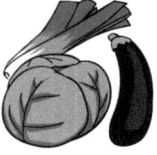

groenten

perime

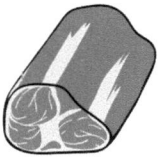

vlees

mish

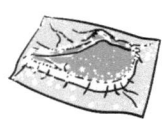

diepvriesvoedsel

ushqim i ngrirë

charcuterie

copë

conserven

ushqim i konservuar

waspoeder

pluhur larës

snoep

ëmbëlsirat

huishoudproducten

prodhime shtëpie

schoonmaakproducten

produkte pastrimi

verkoopster

shitëse

kassa

kasë fiskale

kassier

arkëtar

boodschappenlijstje

listë blerjeje

openingstijden

oraret e punës

portefeuille

portofol

kredietkaart

kartë krediti

tas

çantë

plastieken zakje

qese plastike

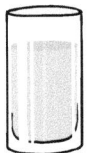

water
....
ujë

sap
....
lëng frutash

melk
....
qumësht

cola
....
koka-kola

wijn
....
verë

bier
....
birrë

alcohol
....
alkool

cacao
....
kakao

thee
....
çaj

koffie
....
kafe

espresso
....
kafe ekspres

cappuccino
....
kapuçino

banaan

banane

appel

mollë

sinaasappel

portokalle

meloen

pjepër

citroen

limon

wortel

karrotë

knoflook

hudhër

bamboe

bambu

ajuin

qepë

champignon

kërpudha

noten

arra

noodles

makarona

spaghetti

spageti

rijst

oriz

salade

sallatë

frieten

patate të skuqura

gebakken aardappelen

patate të skuqura

pizza

pica

hamburger

hamburger

sandwich

sanduiç

kalfslapje

shnicel

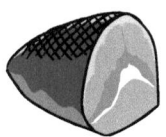

ham

proshutë

salami

sallam

worst

salçiçe

kip

pulë

braden

skuq

vis

peshk

havervlokken

tërshërë

muesli

drithëra

cornflakes

kornfleiks

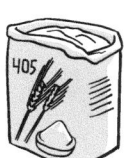

bloem

miell

croissant

kruasant

pistolet

panine

brood

bukë

toast

tost

koekjes

biskotë

boter

gjalp

kwark

gjizë

taart

tortë

ei

vezë

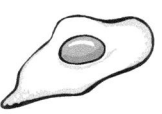

spiegelei

vezë sy

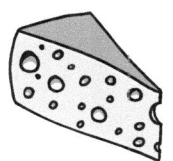

kaas

djathë

ijs

akullore

suiker

sheqer

honing

mjaltë

confituur

marmaladë

choco

çokokrem

curry

këri

eten - ushqim

boerderij
fermë

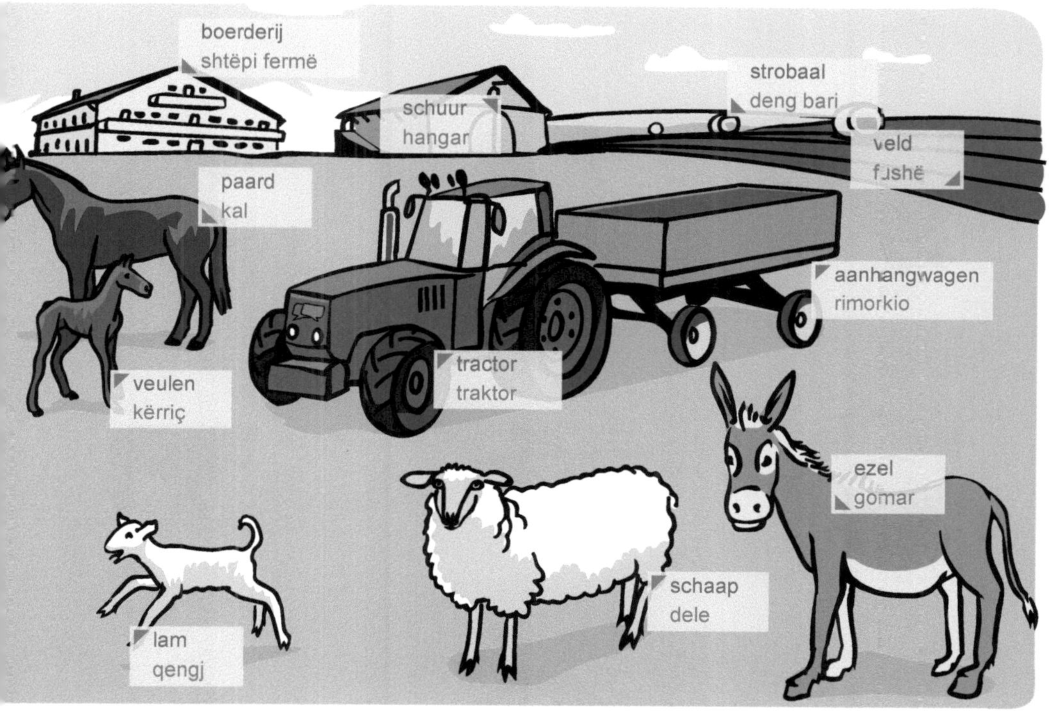
boerderij
shtëpi fermë
schuur
hangar
strobaal
deng bari
veld
fushë
paard
kal
aanhangwagen
rimorkio
tractor
traktor
veulen
kërriç
ezel
gomar
schaap
dele
lam
qengj

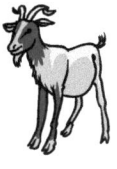

geit

dhi

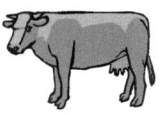

koe

lopë

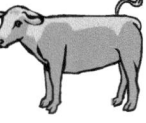

kalf

viç

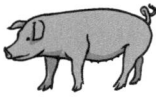

varken

derr

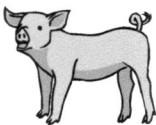

biggetje

derrkuc

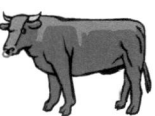

stier

dem

gans

patë

eend

rosë

kuiken

zog pule

kip

pulë

haan

gjel

rat

mi

kat

mace

muis

mi

os

buall

hond

qen

hondenhok

kolibe qeni

tuinslang

zorrë vaditëse

gieter

vaditëse

zeis

kosë

ploeg

plug

sikkel
drapër

schoffel
shat

hooivork
kosa

bijl
sëpatë

kruiwagen
karrocë

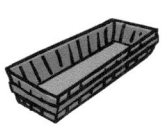

trog
govatë

melkkan
bidon qumështi

zak
thes

hek
gardh

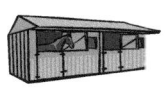

stal
ahur

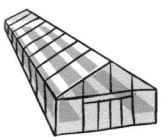

broeikas
serë

bodem
dhe

zaad
farë

mest
pleh

maaidorser
autokombanjë

oogsten
korr

oogst
te korrat

yam
patate e ëmbël "Yam"

tarwe
grurë

soja
soja

aardappel
patate

maïs
misër

koolzaad
raps

fruitboom
pemë frutore

maniok
zhardhok manioku

graan
drithëra

huis
shtëpi

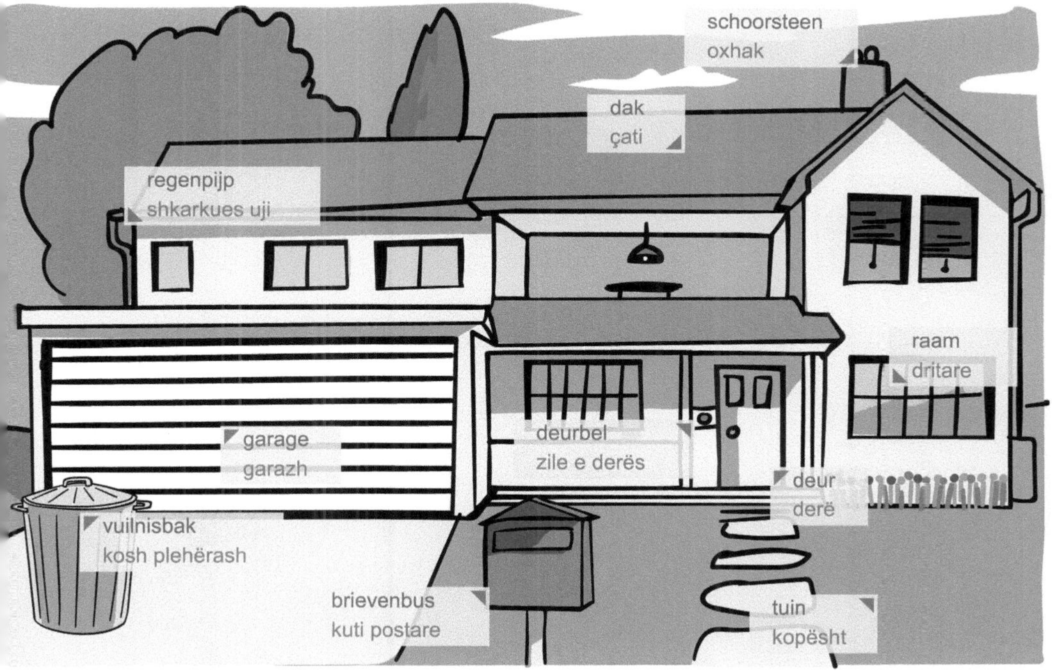

schoorsteen
oxhak
dak
çati
regenpijp
shkarkues uji
raam
dritare
garage
garazh
deurbel
zile e derës
deur
derë
vuilnisbak
kosh plehërash
brievenbus
kuti postare
tuin
kopësht

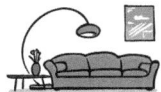

woonkamer

dhomë ndenjeje

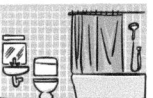

badkamer

tualet

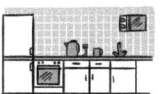

keuken

kuzhinë

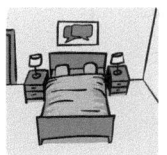

slaapkamer

dhomë gjumi

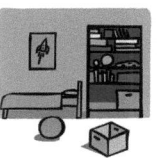

kinderkamer

dhomë fëmijësh

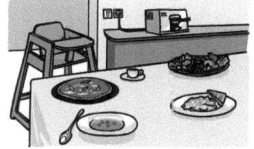

eetkamer

dhomë ngrënieje

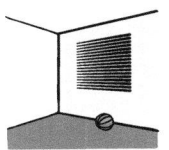

vloer

dysheme

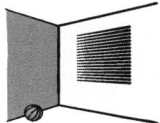

muur

mur

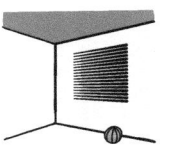

plafond

tavan

kelder

bodrum

sauna

sauna

balkon

ballkon

terras

tarracë

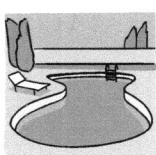

zwembad

pishinë

grasmaaier

kositëse bari

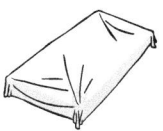

dekbedovertrek

çarçaf

dekbed

kuvertë

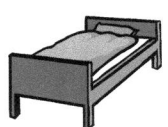

bed

krevat

bezem

fshesë dore

emmer

kovë

schakelaar

çelës

woonkamer
dhomë ndenjeje

behangpapier
tapiceri
foto
fotografi
lamp
llambë
schap
raft
kast
dollap
televisie
pajisje televizive
open haard
vatër
bloem
lule
kussen
jastëk
sofa
divan
vaas
vazo
afstandsbediening
telekomandë

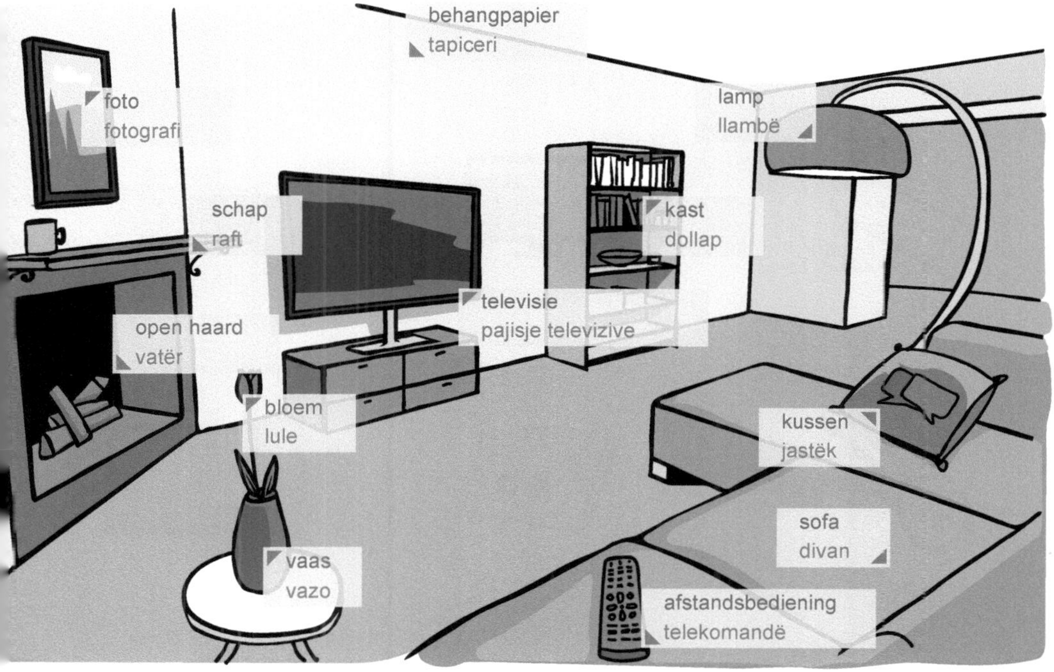

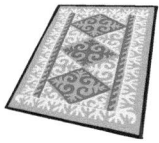

mat
qilim

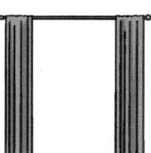

gordijn
perde

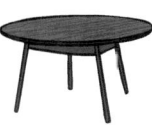

tafel
tavolinë

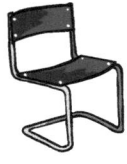

stoel
karrige

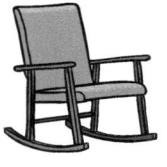

schommelstoel
karrige lëkundëse

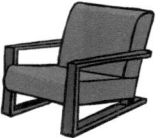

fauteuil
kolltuk

boek
libri

deken
batanije

decoratie
zbukurime

brandhout
dru zjarri

film
film

stereo-installatie
stereo

sleutel
çelës

krant
gazetë

schilderij
pikturë

poster
afishe

radio
radio

notitieboekje
bllok shënimesh

stofzuiger
fshesë me korent

cactus
kaktus

kaars
qiri

keuken
kuzhinë

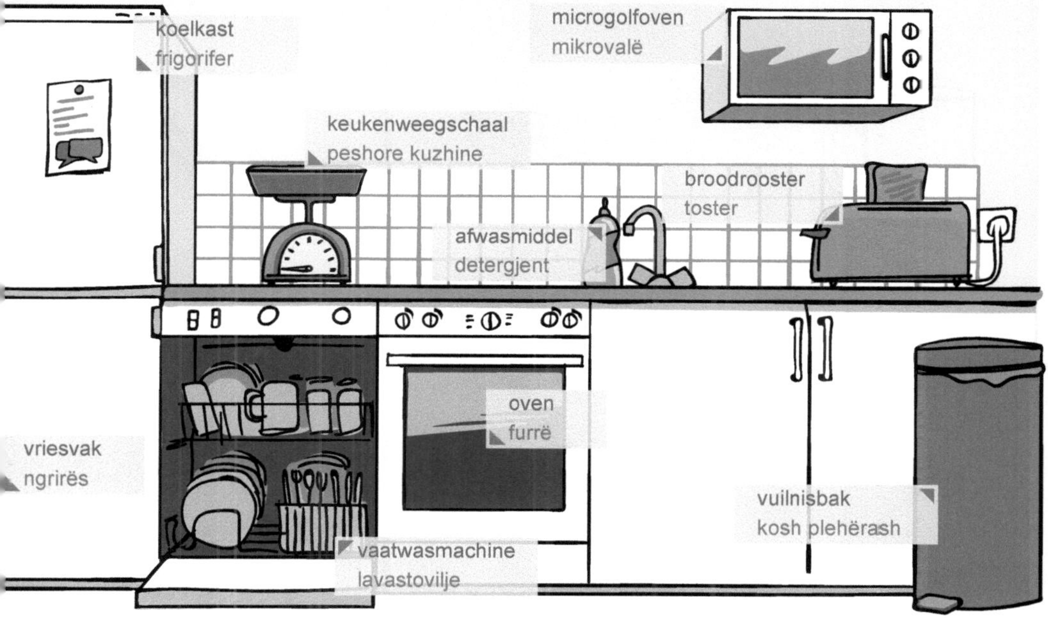
koelkast
frigorifer
microgolfoven
mikrovalë
keukenweegschaal
peshore kuzhine
broodrooster
toster
afwasmiddel
detergjent
oven
furrë
vriesvak
ngrirës
vuilnisbak
kosh plehërash
vaatwasmachine
lavastovilje

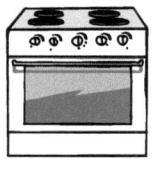

fornuis
sobë

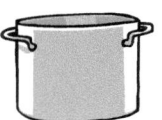

pot
tenxhere

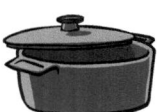

gietijzeren pot
tenxhere me kapak

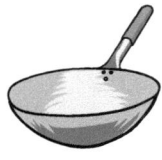

wok / kadai
tigan special (Wok)

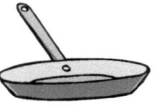

pan
tigan

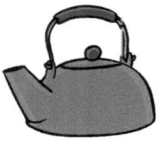

waterkoker
çajnik

stoomkoker

tenxhere me avull

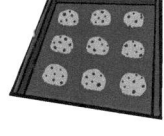

bakplaat

tavë pjekjeje

servies

enë

mok

filxhan

kom

tas

eetstokjes

shkopinj

pollepel

garuzhde

spatel

spatul

garde

tel kuzhine

vergiet

kulluese

zeef

sitë

rasp

rende

mortier

havan

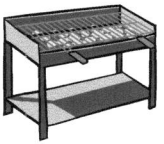

barbecue

skarë

haardvuur

zjarr

keuken - kuzhinë

snijplank

dërrasë për prerje

deegrol

okllai

kurkentrekker

heqëse tapash

blik

kanaçe

blikopener

hapëse kanaçeje

pannenlap

rrobë për të kapur
tenxheren

gootsteen

lavaman

borstel

furçë

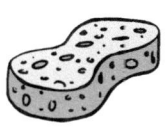

spons

sfungjer

blender

përzjerës

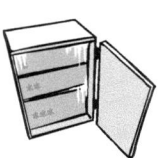

vriezer

ngrirës

papfles

biberon për lëngje

kraan

rubinet

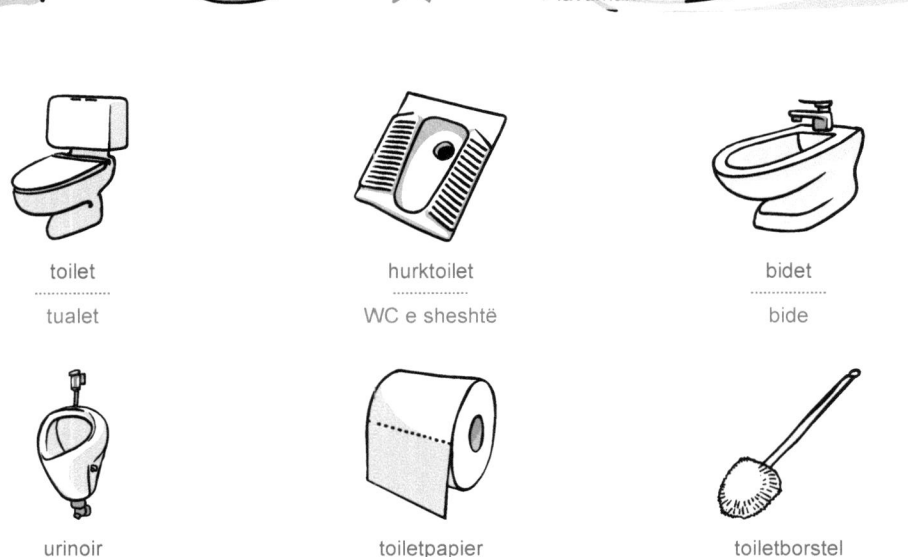

badkamer
tualet

douche
dush
verwarming
ngrohje
handdoek
peshqirë
douchegordijn
perde dushi
bubbelbad
vaskë me shkumë
badkuip
vaskë
glas
gotë
wasmachine
lavatriçe
kraan
rubinet
tegels
pllaka
kinderpo
oturak
gootsteen
lavaman

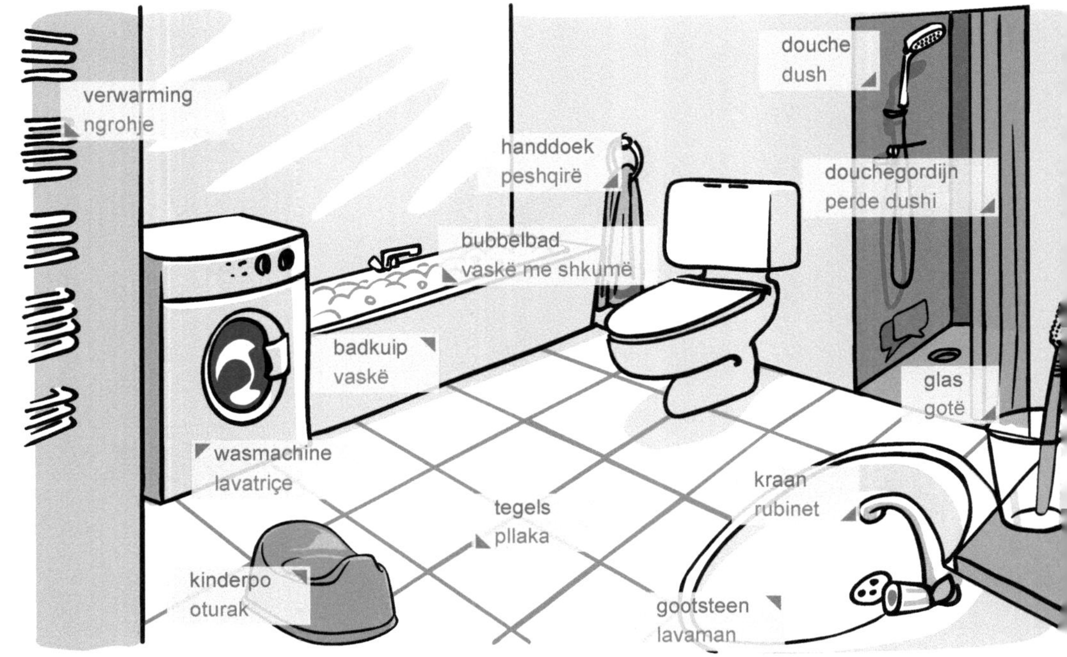

toilet

tualet

hurktoilet

WC e sheshtë

bidet

bide

urinoir

tualet publik

toiletpapier

letër higjienike

toiletborstel

furçe për WC

tandenborstel

furçë dhëmbësh

tandpasta

pastë dhëmbësh

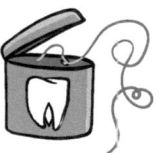

flosdraac

fije dentare

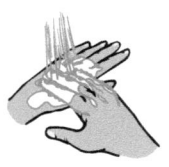

wassen

laj

handdouche

dorezë dushi

bidethanddouche

larës për zonën intime

waskom

legen

rugborstel

furçë për masazh shpine

zeep

sapun

douchegel

shampo trupi

shampoo

shampo

washandje

leckë pastruese

afvoer

kullues

crème

krem

deodorant

antidjersë

spiegel

pasqyrë

handspiegel

pasqyrë dore

scheermes

brisk rroje

scheerschuim

shkumë rroje

aftershave

locion pas rrojes

kam

krehër

borstel

furçë

haardroger

tharëse flokësh

haarlak

llak për flokët

make-up

grim

lippenstift

buzëkuq

nagellak

manikyr

watten

mbushje pambuku

nagelknipper

gërshërë për thonj

parfum

parfum

toilettas

antë për sendet personale

kruk

Stol

weegschaal

peshore

badjas

robëdëshambër

latex handschoenen

dorashka gome

tampon

tampon

maandverband

peceta higjienike

chemisch toilet

tualet I lëvizshëm

kinderkamer
dhomë fëmijësh

wekker
orë me zile
knuffel
lodra me pellushë
speelgoedauto
makinë lodër
rammelaar
rraketake
poppenhuis
shtëpi kukullash
geschenk
dhuratë

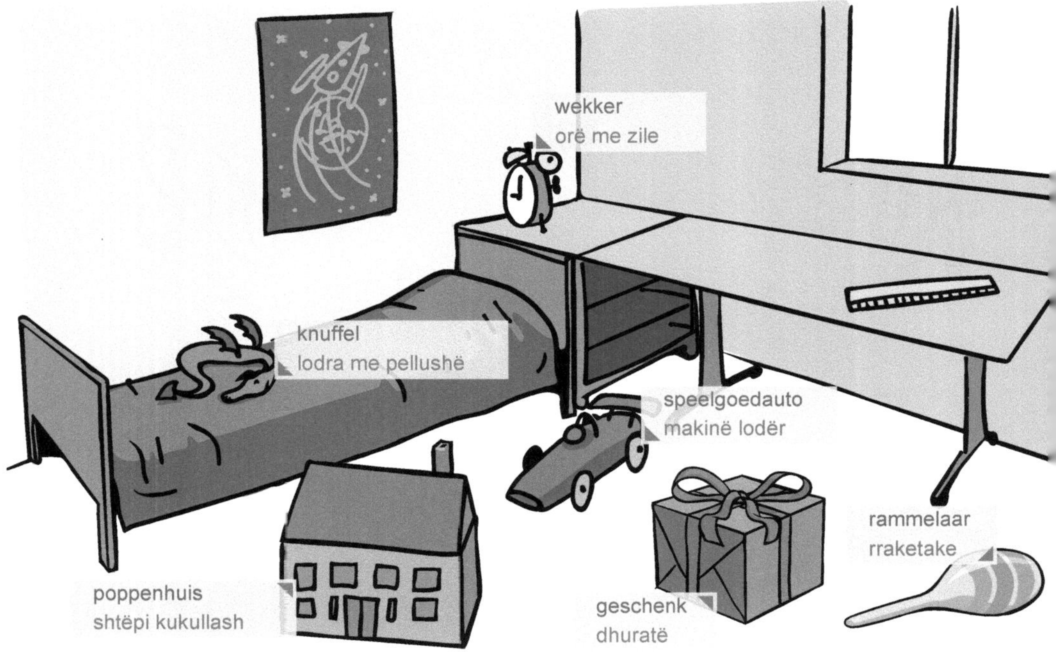

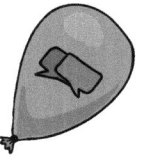

ballon

tollumbace

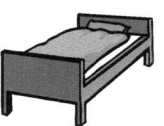

bed

krevat

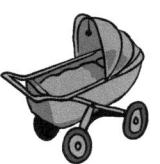

kinderwagen

karrocë fëmijësh

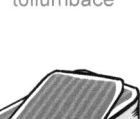

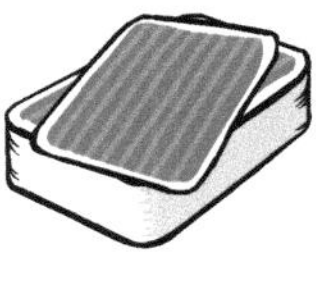

spel kaarten

lojë me letra

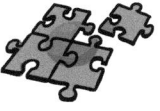

puzzel

bashkim pjesësh me figura

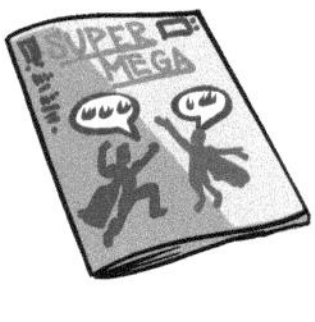

stripboek

komik

legoblokjes

formuese lodër

blokken

kuba plastikë

actiefiguur

lodra

kruippakje

badi

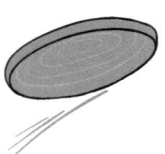

frisbee

frizbi

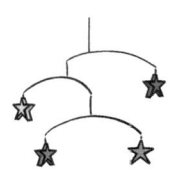

mobiel

lodra të varura tek krevati i fëmijëve

bordspel

tavolinë lojërash

dobbelsteen

zare

modelspoorweg

model treni

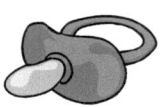

fopspeen

biberon

feest

festë

prentenboek

libër me ilustrime

bal

top

pop

kukull

spelen

luaj

zandbak

grumbull rëre

schommel

kolovarëse

speelgoed

lodra

spelconsole

leva për lojra video

driewieler

triçikël

knuffelbeer

arush prej pellushi

kleerkast

garderobë

kleding
veshje

sokken

çorape

kousen

çorape të gjata

maillot

geta

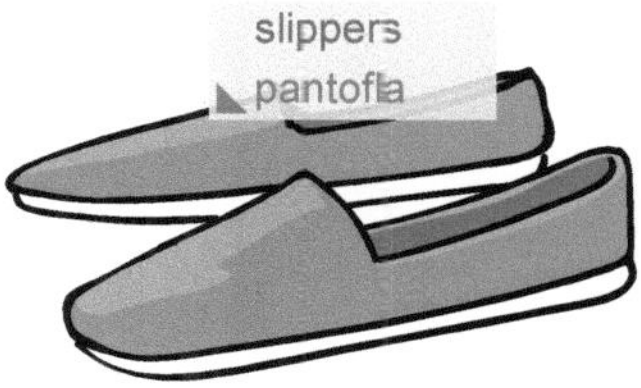

sjaal
shall

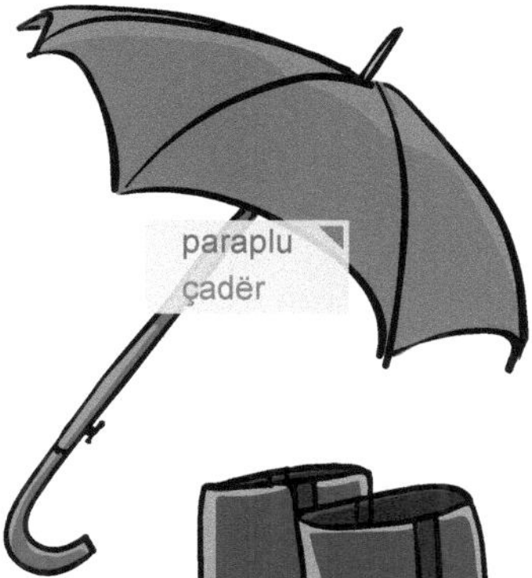

riem
rrip

paraplu
çadër

T-shirt
bluzë pa jakë

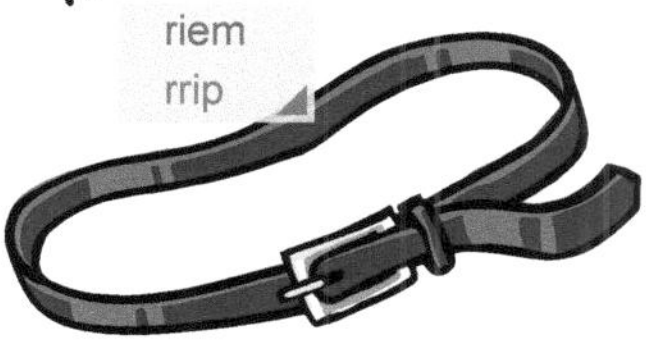

laarzen
çizme

slippers
pantofla

sneakers
atlete

sandalen
sandale

schoenen
këpucë

rubberlaarzen
çizme llastiku

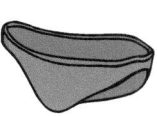

onderbroek
të mbathura

beha
reçipeta

onderhemd
kanotierë

lichaam

trup

broek

pantallona

jeans

xhinse

rok

fund

blouse

bluzë

hemd

këmishë

trui

pulovër

capuchontrui

triko

blazer

xhaketë

jas

xhaketë

jas

pallto

regenjas

mushama shiu

kostuum

kostum

jurk

fustan

trouwjurk

fustan nusërie

pak
kostum

nachthemd
këmishë nate

pyjama
pizhama

sari
sari (veshje tradicionale indiane)

hoofddoek
shami koke

tulband
çallmë

boerka
eshje për femrat e besimit musliman

kaftan
kaftan (lloj veshjeje tradicionale)

abaya
ferexhe

badpak
kostum banje

zwembroek
rroba banje

short
pantallona të shkurtra

trainingspak
tuta sporti

schort
përparëse

handschoenen
dorashka

knoop

kopsë

bril

syze

armband

byzylyk

ketting

gjerdan

ring

unazë

oorbel

vath

pet

kapuç

kapstok

varëse për pallto

hoed

kapele

das

kravatë

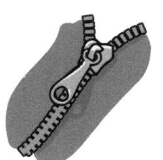

rits

zinxhir

helm

helmetë

bretellen

tiranda

schooluniform

uniformë shkolle

uniform

uniformë

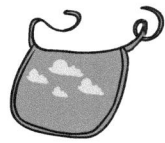

slabbetje

gushore

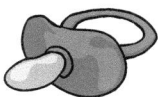

fopspeen

biberon

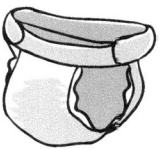

luier

pelenë

kantoor

zyrë

server
server
dossierkast
skedar
printer
printer
papier
letër
monitor
ekran
muis
maus
bureau
tavolinë
map
dosje
toestenbord
tastierë
stoel
karrige
papiermand
kosh letrash
computer
kompjuter

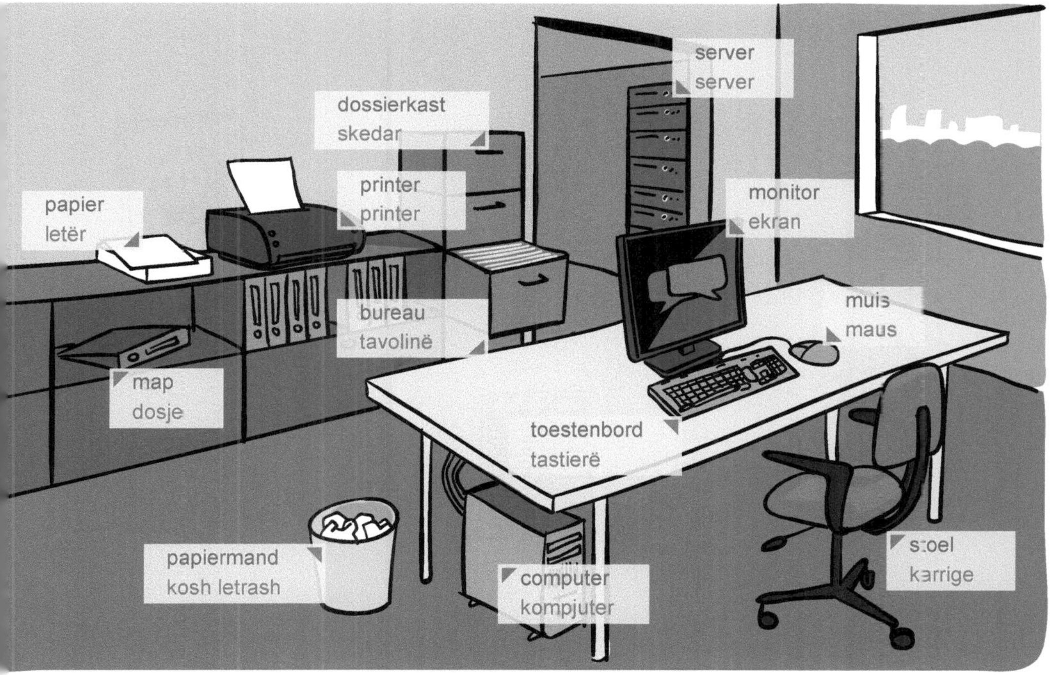

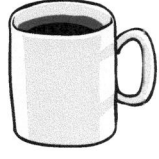

koffiemok

filxhan kafeje

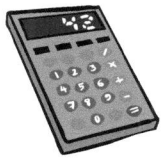

rekenmachine

makinë llogaritëse

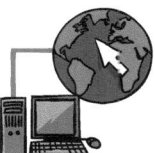

internet

internet

laptop

kompjuter portativ

brief

letër

bericht

mesazh

gsm

telefon

netwerk

rrjet

kopieerapparaat

fotokopje

software

program

telefoon

telefon

stopcontact

prizë

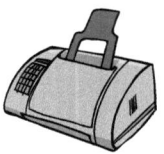

fax

pajisje faksi

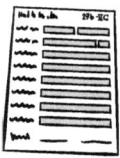

formulier

formular

document

dokument

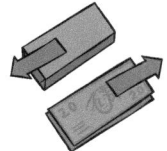

kopen
blej

betalen
paguaj

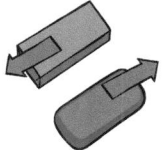

handelen
tregtoj

geld
para

dollar
dollar

euro
euro

yen
jen

roebel
rubla

Zwitserse frank
franga zvicerane

Chinese renminbi
juani kinez

roepie
rupje

geldautomaat
bankomat

wisselkantoor

pikë këmbimi valutor

goud

ar

zilver

argjend

olie

nafta

energie

energji

prijs

çmim

contract

kontratë

belasting

taksë

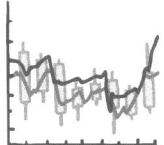

aandeel

aksione

werken

punoj

werknemer

punonjës

werkgever

punëdhënës

fabriek

fabrikë

winkel

dyqan

economie - ekonomi

politieagent
oficer policie

brandweerman
zjarrfikës

kok
kuzhinier

dokter
mjek

piloot
pilot

tuinman
....
kopshtar

timmerman
....
marangoz

naaister
....
rrobaqepëse

rechter
....
gjykatës

chemicus
....
kimist

acteur
....
aktor

buschauffeur

shofer autobuzi

taxichauffeur

taksist

visser

peshkatar

schoonmaakster

pastruese

dakdekker

riparues çatish

ober

kamarier

jager

gjuetar

schilder

piktor

bakker

furrxhi

elektricien

elektriçist

bouwvakker

ndërtues

ingenieur

inxhinier

slager

kasap

loodgieter

hidraulik

postbode

postieri

soldaat

ushtar

architect

arkitekt

kassier

arkëtar

bloemist

luleshitës

kapper

berber

conducteur

kontrollor

mecanicien

mekanik

kapitein

kapiten

tandarts

dentist

wetenschapper

shkencëtar

rabbijn

rabin

imam

imam

monnik

murg

geestelijke

klerik

werktuigen
mjete

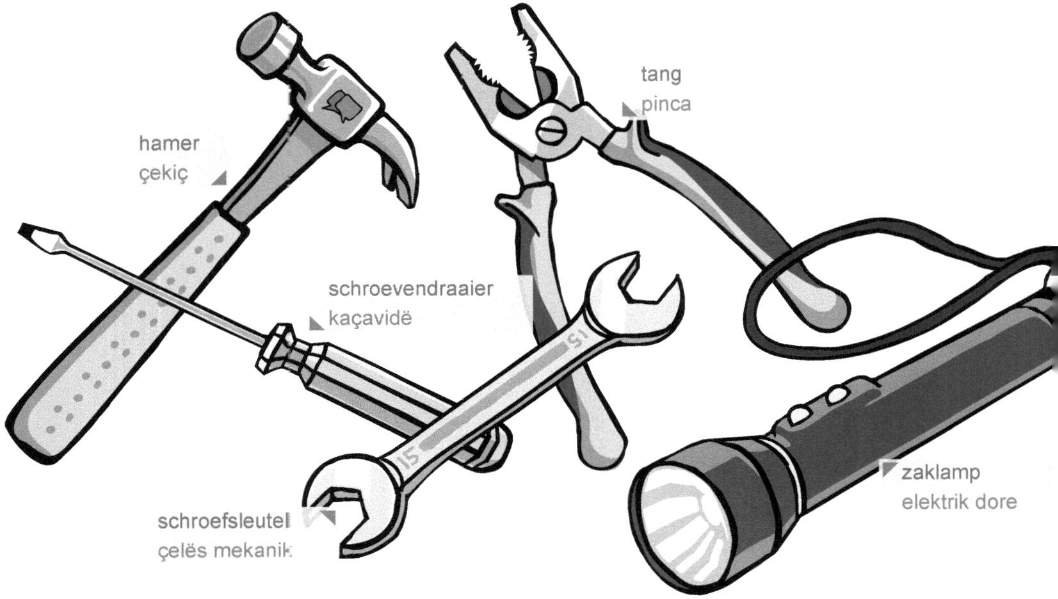

hamer
çekiç
tang
pinca
schroevendraaier
kaçavidë
schroefsleutel
çelës mekanik
zaklamp
elektrik dore

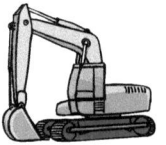

graafmachine

ekskavator

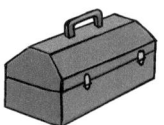

gereedschapskoffer

kuti veglash

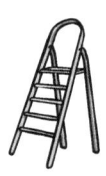

ladder

shkallë

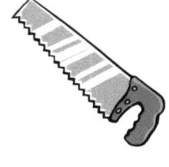

zaag

sharrë

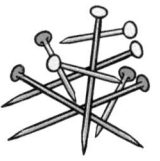

spijkers

gozhdë

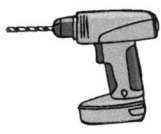

boormachine

trapan

repareren
riparoj

schop
lopatë

Verdommə!
Dreq!

blik
kaci

verfpot
kuti boje

schroeven
vidhë

muziekinstrumenten
instrumenta muzikorë

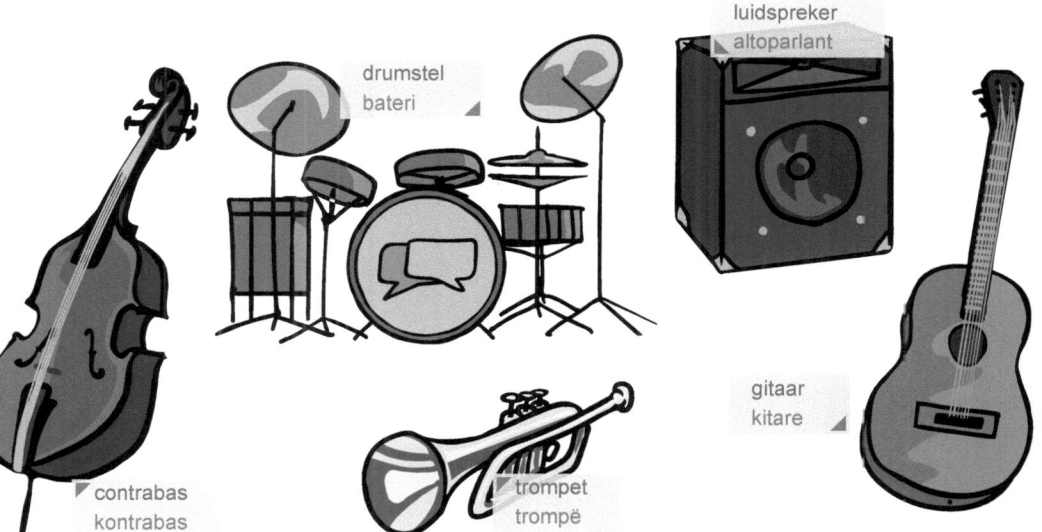

drumstel
bateri

luidspreker
altoparlant

gitaar
kitare

contrabas
kontrabas

trompet
trompë

piano
piano

viool
violinë

basgitaar
bas

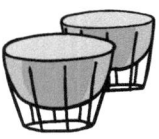

pauk
tamburë

trommels
daulle

keyboard
tastierë pianoje

saxofoon
saksofon

fluit
flaut

microfoon
mikrofon

muziekinstrumenten - instrumenta muzikorë

kopsht zoologjik

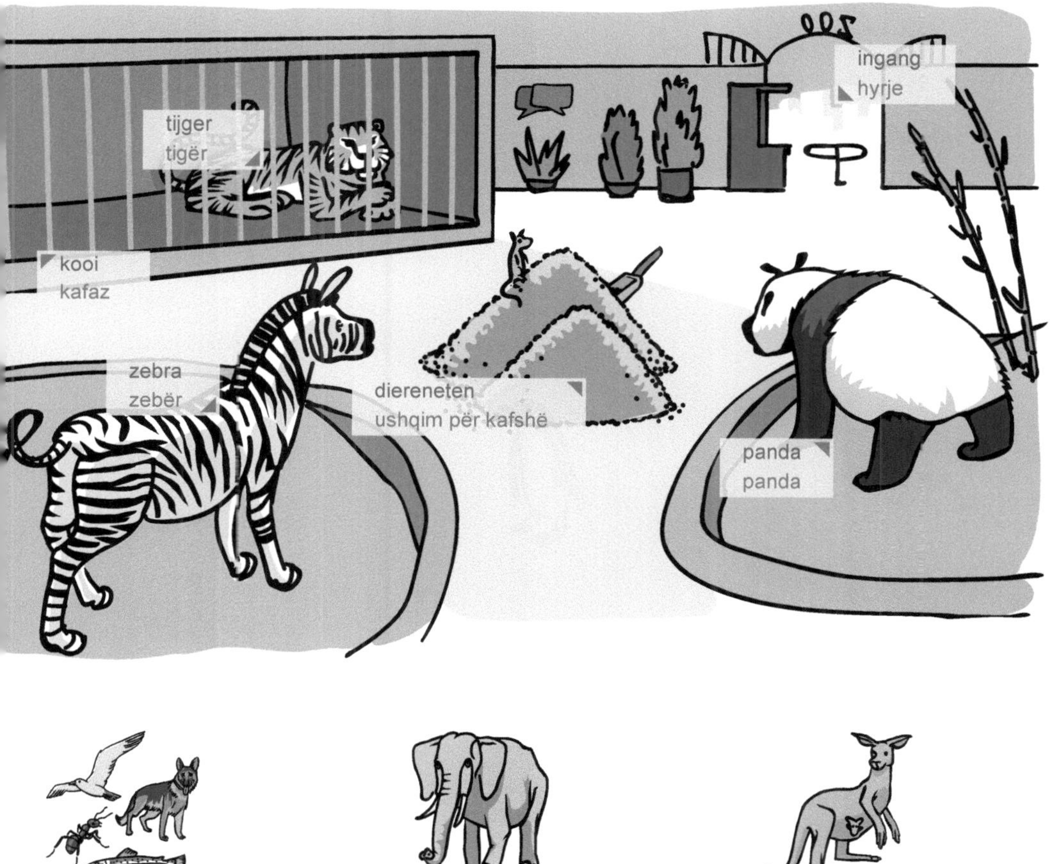
zoo
ingang
hyrje
tijger
tigër
kooi
kafaz
zebra
zebër
diereneten
ushqim për kafshë
panda
panda

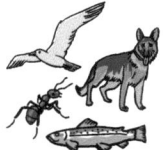

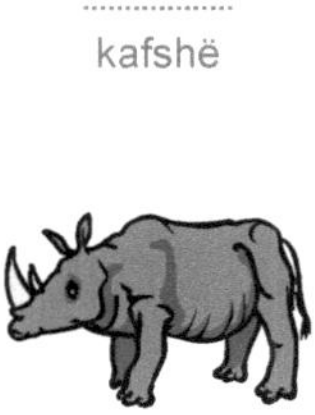

dieren

kafshë

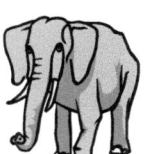

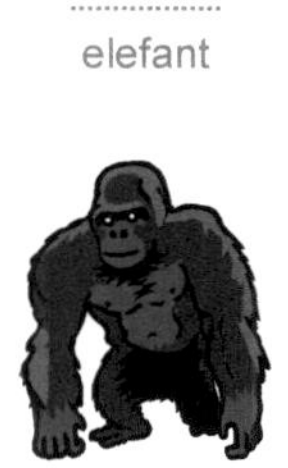

olifant

elefant

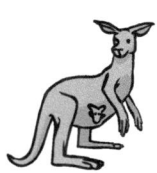

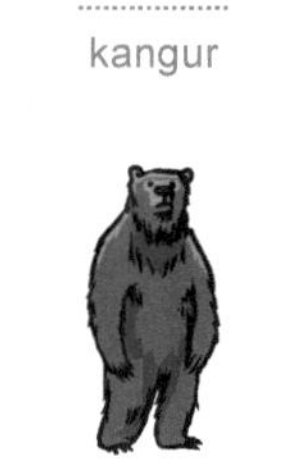

kangoeroe

kangur

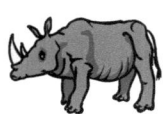

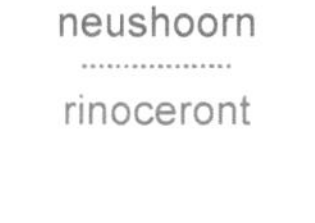

neushoorn

rinoceront

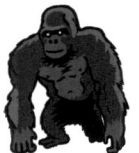

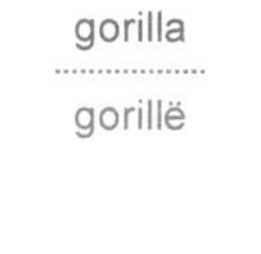

gorilla

gorillë

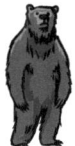

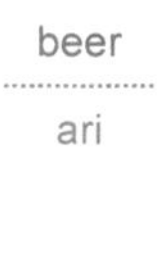

beer

ari

kameel

deve

struisvogel

struc

leeuw

luan

aap

majmun

flamingo

flamingo

papegaai

papagall

ijsbeer

ari polar

pinguïn

pinguin

haai

peshkaqen

pauw

pallua

slang

gjarpër

krokodil

krokodil

dierenverzorger

punonjës i kopshtit zoologjik

zeehond

fokë

jaguar

xhaguar

pony
poni

luipaard
leopard

nijlpaard
hipopotam

giraffe
gjirafë

adelaar
shqiponjë

wild zwijn
derr i egër

vis
peshk

zeeschildpad
breshkë

walrus
lopë deti

vos
dhelpër

gazelle
gazelë

rugby
futboll amerikan

wielrennen
çiklizëm

tennis
tenis

basketbal
basketboll

zwemmen
not

boksen
boks

ijshockey
hokej mbi akull

voetbal
futboll

badminton
badminton

atletiek
atletikë

handbal
hendboll

skiën
ski

polo
polo

activiteiten
aktivitet

lachen
qesh
springen
hidhem
knuffelen
përqafoj
wandelen
eci
zingen
këndoj
dromen
ëndërroj
bidden
lutem
kussen
puth

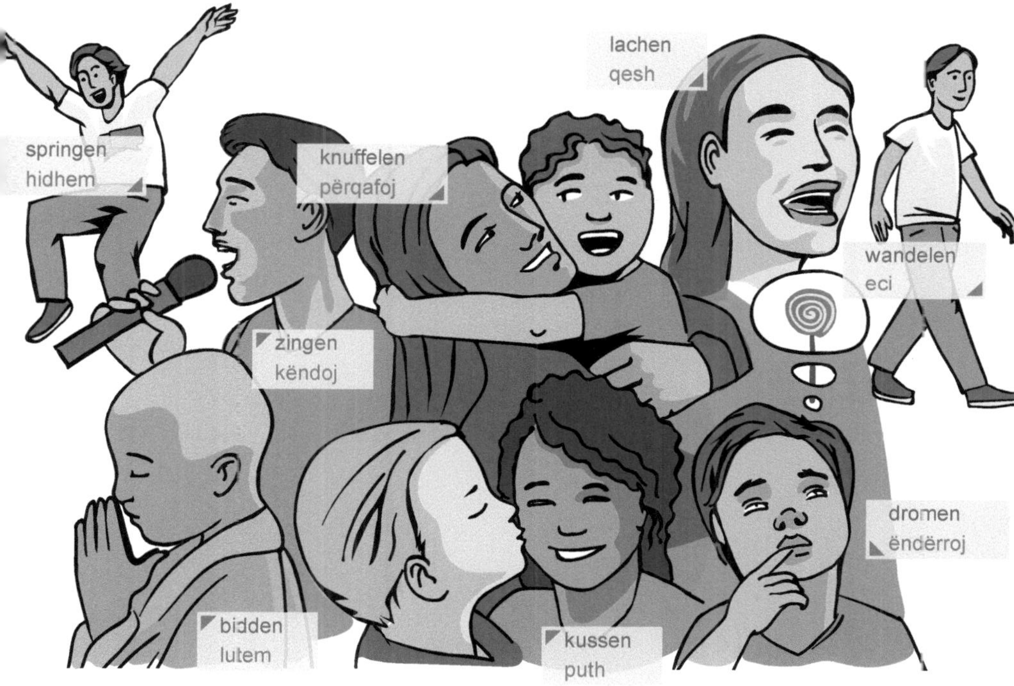

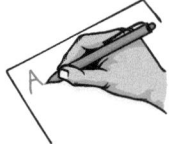

schrijven
shkruaj

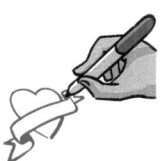

tekenen
vizatoj

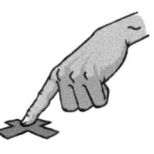

tonen
tregoj

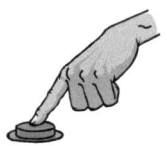

duwen
shtyj

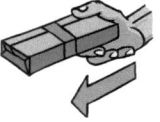

geven
jap

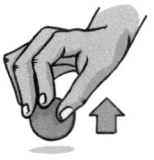

nemen
marr

hebben

kam

doen

bëj

zijn

jam

staan

qëndroj

lopen

vrapoj

trekken

tërheq

gooien

hedh

vallen

bie

liggen

shtrihem

wachten

pres

dragen

mbaj

zitten

ulem

aankleden

vishem

slapen

fle

ontwaken

zgjohem

kijken naar	wenen	aaien
shikoj	qaj	përkëdhel

kammen	praten	begrijpen
kreh	bisedoj	kuptoj

vragen	luisteren	drinken
kërkoj	dëgjoj	pi

eten	opruimen	houden van
ha	sistemoj	dashuroj

koken	rijden	vliegen
gatuaj	drejtoj makinën	fluturoj

zeilen

lundroj

rekenen

llogaris

Lezen

lexoj

leren

mësoj

werken

punoj

trouwen

martohem

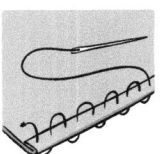

naaien

qep

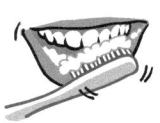

tandenpoetsen

laj dhëmbët

doden

vras

roken

tymos

sturen

dërgoj

familie
familje

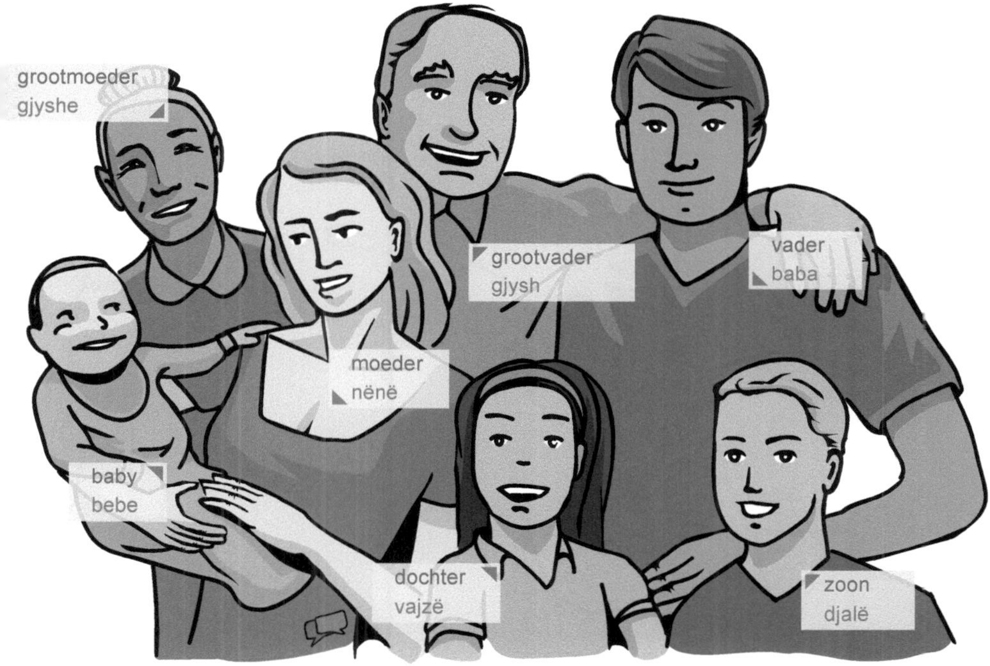

grootmoeder
gjyshe
grootvader
gjysh
vader
baba
moeder
nënë
baby
bebe
dochter
vajzë
zoon
djalë

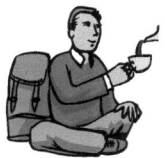

gast

mysafir

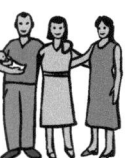

tante

teze, hallë

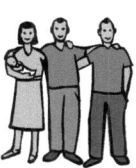

oom

dajë, xhaxha

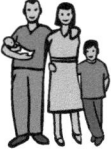

broer

vëlla

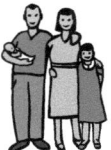

zus

motër

lichaam
trupi

voorhoofd
balli
oog
syri
schouder
shpatulla
vinger
gishti
gezicht
fytyra
kin
mjekra
hand
dora
been
këmba
borst
krahërori
arm
krahu

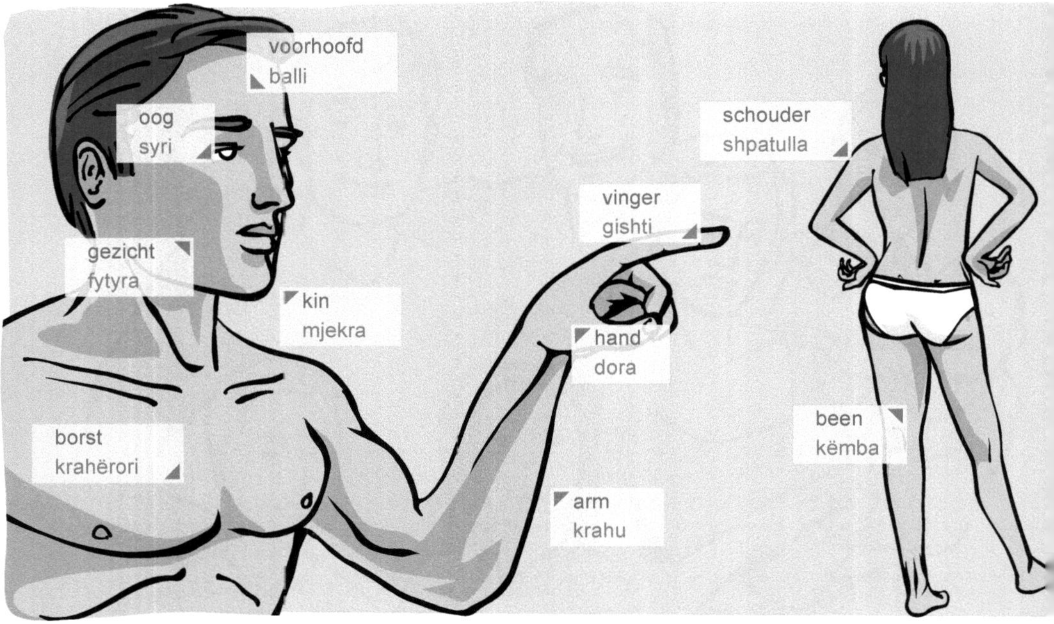

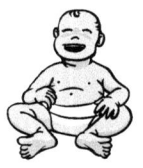

baby

bebe

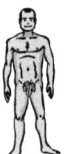

man

burrë

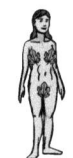

vrouw

grua

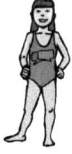

meisje

vajzë

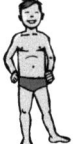

jongen

djalë

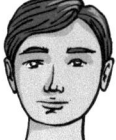

hoofd

koka

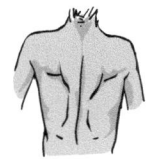

rug
shpina

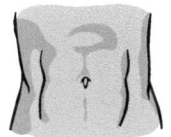

buik
barku

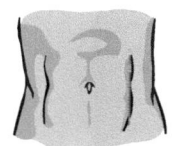

navel
kërthiza

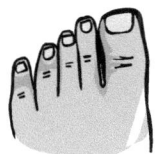

teen
gisht këmbe

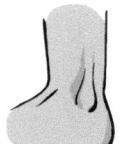

hiel
Thembra

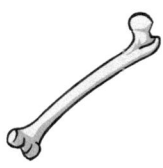

bot
kockë

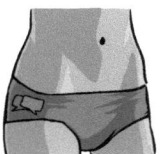

heup
legeni

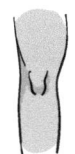

knie
gjuri

elleboog
bërryli

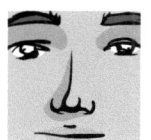

neus
hunda

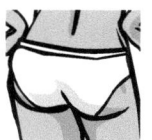

zitvlak
vithe

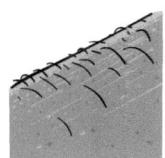

huid
lëkura

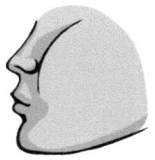

wang
faqja

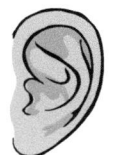

oor
veshi

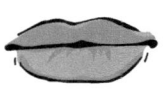

lip
buza

mond

goja

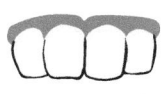

tand

dhëmbët

tong

gjuha

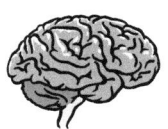

hersenen

truri

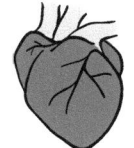

hart

zemra

spier

muskul

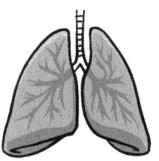

long

mushkëria

lever

mëlçia

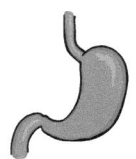

maag

stomaku

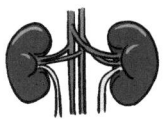

nieren

veshka

seks

seks

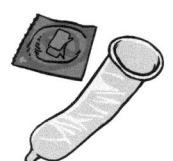

condoom

prezervativ

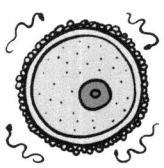

eicel

veza

sperma

sperma

zwangerschap

shtatëzani

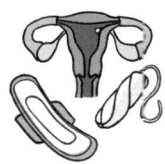

menstruatie

menstruacione

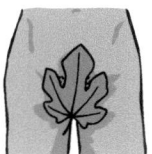

vagina

vagina

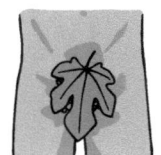

penis

penis

wenkbrauw

vetulla

haar

flokët

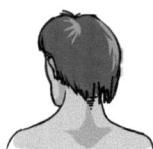

nek

qafa

ziekenhuis
spital

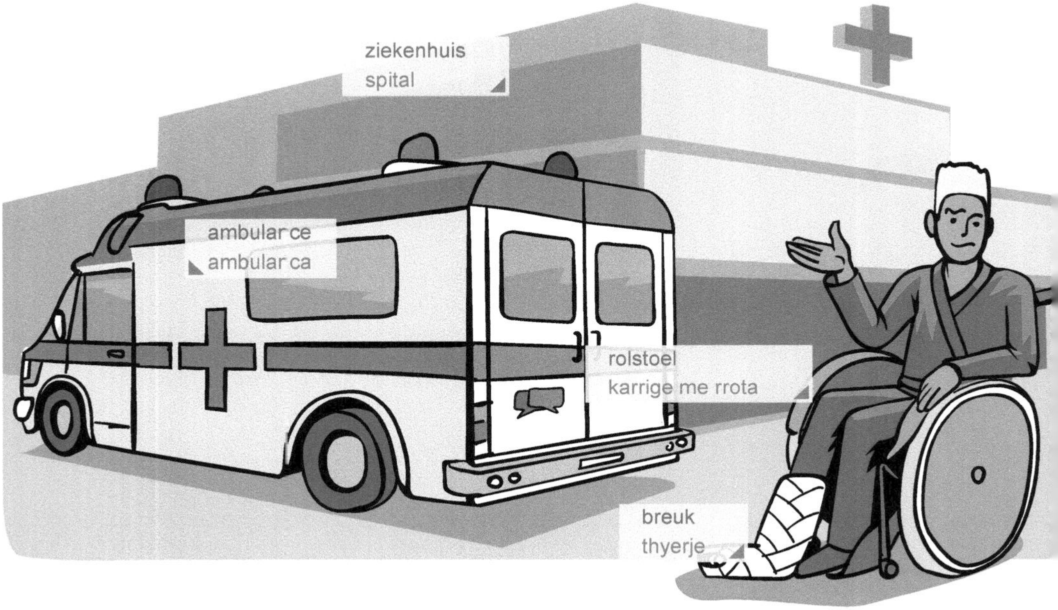

ziekenhuis
spital
ambulance
ambulanca
rolstoel
karrige me rrota
breuk
thyerje

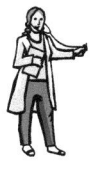

dokter
mjek

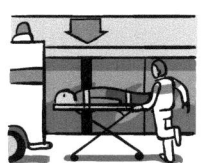

spoed
sallë urgjencash

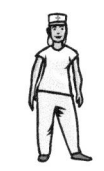

verpleegkundige
infermiere

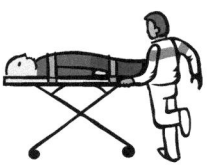

noodgeval
emergjencë

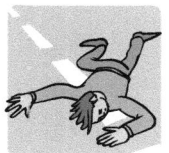

bewusteloos
i pandërgjegjshëm

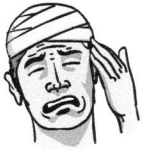

pijn
dhimbje

verwonding

dëmtim

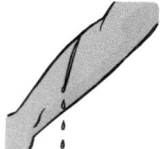

bloeding

gjakosje

hartaanval

infarkt

beroerte

goditje

allergie

alergji

hoest

kolla

koorts

ethe

griep

grip

diarree

diarre

hoofdpijn

dhimbje koke

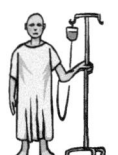

kanker

kancer

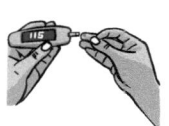

diabetes

diabet

chirurg

kirurg

scalpel

bisturi

operatie

operacion

CT

CT (skaner)

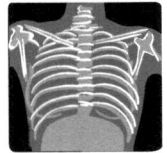

röntgenstraal

radiografi

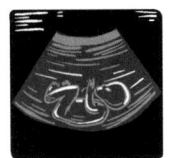

ultrageluid

ultratingull

gezichtsmasker

maskë fytyre

ziekte

sëmundje

wachtkamer

dhomë pritjeje

kruk

paterica

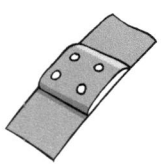

pleister

leukoplast

verband

fasho

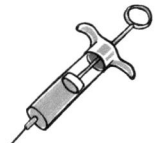

injectie

injeksion

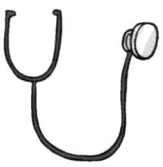

stethoscoop

stetoskop

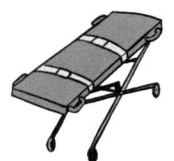

brancard

barelë

thermometer

termometër

geboorte

lindje

overgewicht

mbipeshë

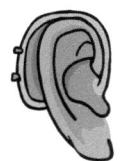

hoorapparaat

aparat dëgjimi

ontsmettingsmiddel

dezinfektant

infectie

infeksion

virus

virus

HIV / AIDS

HIV / AIDS

medicijn

mjekësi, mjekim

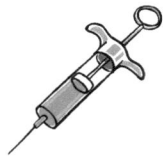

vaccinatie

vaksinim

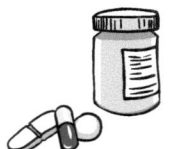

tabletten

tableta

pil

pilulë

noodoproep

telefonatë emergjence

bloeddrukmeter

aparat tensioni

ziek / gezond

i sëmurë / i shëndetshëm

Help! Ndihmë!	 alarm alarm	 overval sulm
 aanval atak	 gevaar rrezik	 nooduitgang dalje emergjence
Brand! Zjarr!	 brandblusser fikëse zjarri	 ongeval aksident
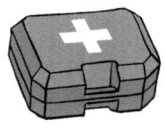 EHBO-kit kuti e ndimës së shpejtë	 SOS SOS	 politie policia

Europa

Europa

Noord-Amerika

Amerika e Veriut

Zuid-Amerika

Amerika e Jugut

Afrika

Afrika

Azië

Azia

Australië

Australia

Atlantische Oceaan

Atlantiku

Stille Oceaan

Paqësori

Indische Oceaan

Oqeani Indian

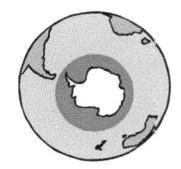

Antarctische Oceaan

Oqeani Antarktik

Arctische Oceaan

Oqeani Arktik

Noordpool

Poli i veriut

Zuidpool

Poli i Jugut

Antarctica

Antarktida

aarde

toka

land

tokë

zee

det

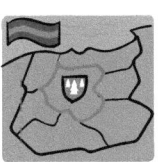

eiland

ishull

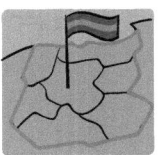

natie

komb

staat

shtet

wijzerplaat

fusha e orës

uurwijzer

akrepi i orës

minuutwijzer

akrepi i minutave

secondewijzer

akrepi i sekondave

Hoe laat is het?

Sa është ora?

dag

ditë

tijd

kohë

nu

tani

digitale horloge

orë dixhitale

minuut

minutë

uur

orë

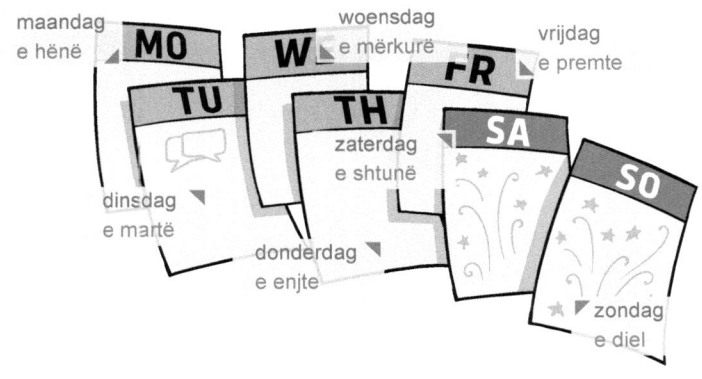

maandag
e hënë

woensdag
e mërkurë

vrijdag
e premte

dinsdag
e martë

zaterdag
e shtunë

donderdag
e enjte

zondag
e diel

gisteren

dje

vandaag

sot

morgen

nesër

ochtend

mëngjes

middag

mesditë

avond

mbrëmje

werkdagen

ditë pune

weekend

fundjavë

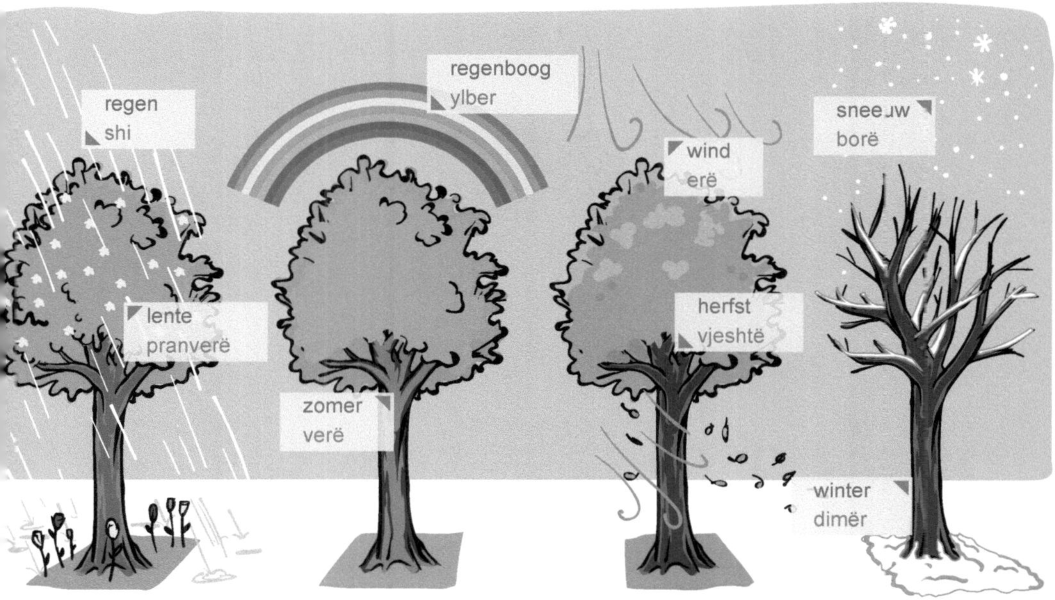
regen
shi
regenboog
ylber
wind
erë
sneeuw
borë
lente
pranverë
zomer
verë
herfst
vjeshtë
winter
dimër

4.APRIL 11°
5.APRIL 4°
6.APRIL 13°
7.APRIL 8°
8.APRIL 10°

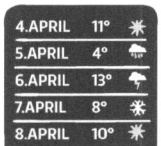

weervoorspelling

parashikimi i motit

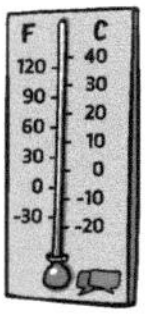
F C
120 90 60 30 0 -30
40 30 20 10 0 -10 -20

thermometer

termometër

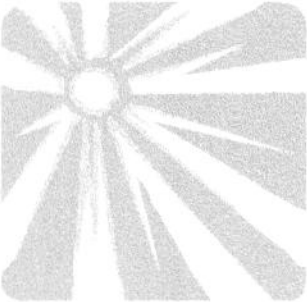

zonneschijn

ndriçim dielli

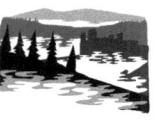

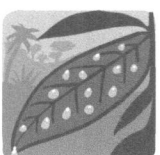

wolk

re

mist

mjegull

vochtigheid

lagështi

bliksem

vetëtima

donder

gjëmim

storm

stuhi

hagel

breshër

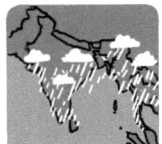

moesson

muson

overstroming

përmbytje

ijs

akull

januari

janar

februari

shkurt

maart

mars

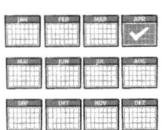

april

prill

mei

maj

juni

qershor

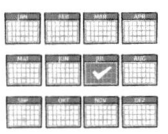

juli

korrik

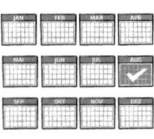

augustus

gusht

september
....
shtator

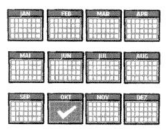

oktober
....
tetor

november
....
nëntor

december
....
dhjetor

cirkel
....
rreth

kwadraat
....
katror

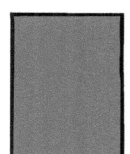

rechthoek
....
drejtkëndësh

driehoek
....
trekëndësh

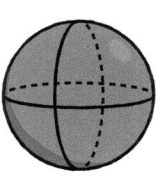

bol
....
sferë

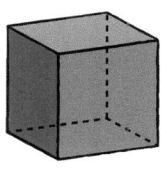

kubus
....
kub

wit

e bardhë

geel

e verdhë

oranje

portokalli

roze

rozë

rood

e kuqe

paars

vjollcë

blauw

blu

groen

e gjelbër

bruin

kafe

grijs

gri

zwart

e zezë

veel / weinig

shumë / pak

boos / kalm

i nevrikosur / i qetë

mooi / lelijk

i bukur / i shëmtuar

begin / einde

fillim / fund

groot / klein

i madh / i vogël

licht / donker

i ndritshëm / i errët

broer / zus

vëlla / motër

proper / vuil

e pastër / e pistë

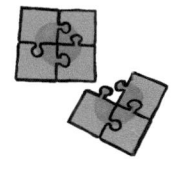

volledig / onvclledig

e plotë / jo e plotë

dag / nacht

ditë / natë

dood / levend

gjallë / vdekur

breed / smal

i gjerë / i ngushtë

eetbaar / oneetbaar

i ngrënshëm / i pangrënshëm

kwaadaardig / vriendelijk

i keq / i këndshëm

opgewonden / verveeld

i lumtur / i mërzitur

dik / dun

i shëndoshë / i dobët

eerst / laatst

e para / e fundit

vriend / vijand

mik / armik

vol / leeg

plot / bosh

hard / zacht

e fortë / e butë

zwaar / licht

e rëndë / e lehtë

honger / dorst

uri / etje

ziek / gezond

i sëmurë / i shëndetshëm

illegaal / legaal

e paligjshme / e ligjshme

intelligent / dom

i zgjuar / budalla

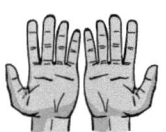

links / rechts

majtas / djathtas

dichtbij / veraf

afër / larg

nieuw / gebruikt

e re / e përdorur

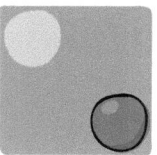

niets / iets

asgjë / diçka

oud / jong

i moshuar / i ri

aan / uit

ndezur / fikur

open / dicht

hapur / mbyllur

stil / luid

i qetë / i zhurmshëm

rijk / arm

i pasur / i varfër

juist / fout

e drejtë / e gabuar

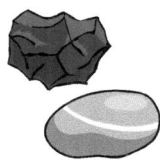

ruw / glad

i ashpër / i butë

droevig / blij

i mërzitur / i lumtur

kort / lang

i shkurtër / i gjatë

traag / snel

ngadalë / shpejt

nat / droog

i lagësht / i thatë

warm / koud

ngrohtë / freskët

oorlog / vrede

luftë / paqe

0

nul
zero

1

één
një

2

twee
dy

3

drie
tre

4

vier
katër

5

vijf
pesë

6

zes
gjashtë

7

zeven
shtatë

8

acht
tetë

9

negen
nentë

10

tien
dhjetë

11

elf
njëmbëdhjetë

12

twaalf
dymbëdhjetë

13

dertien
trembëdhjetë

14

veertien
katërmbëdhetë

15

vijftien
pesëmbëdhjetë

16

zestien
gjashtëmbëdhjetë

17

zeventien
shtatëmbëdhjetë

18

achtien
tetëmbëdhjetë

19

negentien
nentëmbëdhjetë

20

twintig
njëzetë

100

honderd
qind

1.000

duizend
mijë

1.000.000

miljoen
milion

Talen
gjuhët

Engels

anglisht

Amerikaans Engels

ang ishte amerikane

Chinees (Mandarijn)

kinezisht mandarin

Hindi

hindi

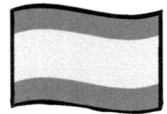

Spaans

spanjisht

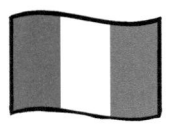

Frans

frëngjisht

Arabisch

arabisht

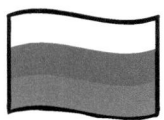

Russisch

rusisht

Portugees

portugalisht

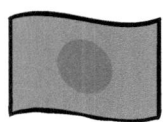

Bengali

bengalisht

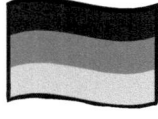

Duits

gjermanisht

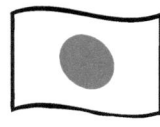

Japans

japonisht

ik
une

u
ti

hij / zij / het
ai / ajo

wij
ne

u
ju

ze
ata

wie?
kush?

wat?
çfarë?

hoe?
si?

waar?
ku?

wanneer?
kur?

naam
emër

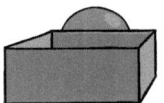

achter

pas

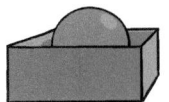

in

në

voor

përballë

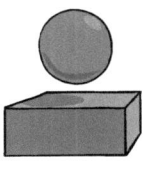

boven

sipër

op

mbi

onder

poshtë

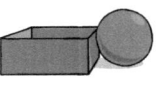

naast

pranë

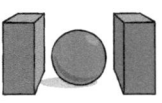

tussen

midis

plaats

vend